MW01205471

mes années
POURQUOI

Les pirates

texte de
Pascale Hédelin

illustrations de
Didier Balicevic
Robert Barborini
Benjamin Bécue
Sylvie Bessard

MiLAN

Le sommaire

La vie à terre   60

Les pirates dans le monde   72

Pages mémoire

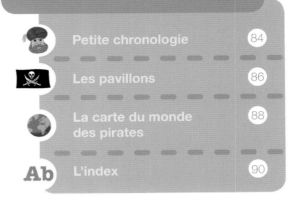

écrire — Tous les noms de cette imagerie sont présentés avec leur article défini. Pour aider votre enfant à mieux appréhender la nature des mots, les verbes et les actions sont signalés par un cartouche.

? — Pour vérifier les acquis et permettre à votre enfant de s'évaluer, une double page « Voyons voir… » est présente à la fin de chaque grande partie.

 Les « Pages mémoire », en fin d'ouvrage, présentent un récapitulatif de savoirs fondamentaux.

 Ab — Retrouvez rapidement le mot que vous cherchez grâce à l'index en fin d'ouvrage.

En bas de chaque planche se trouvent des renvois vers d'autres pages traitant d'un sujet complémentaire. Ainsi, vous pouvez varier l'ordre de lecture et mieux mettre en relation les savoirs.

Qui sont les pirates ?

C'est quoi, un pirate ?

Un pirate est un bandit des mers
qui attaque les navires. Les plus célèbres
vivaient il y a environ 300 ans.

le cache-œil
sur l'œil crevé

le tricorne

le sabre

la bague

le pistolet

la ceinture

le pantalon

la redingote

la cravate
de toile

le baudrier

les bottes

le capitaine

le foulard

la balafre

l'anneau
à l'oreille

le tatouage

la chemise
de marin

le soulier
à boucle

la jambe
de bois

le pirate

Quand tu te déguises en pirate, tu portes un costume bien particulier : un chapeau sur la tête, un sabre, des bottes...

Mais les pirates n'ont pas d'uniforme. Ils sont souvent pauvres et sales, et ils s'habillent comme ils peuvent.

Certains ont un foulard : il protège leur tête. D'autres ont un perroquet, qui parle et les amuse.

🐦 Devenir pirate

Avant d'être pirates, ces hommes venus de tous les pays avaient une autre vie...

le soldat déserteur

le charpentier

le criminel anglais

l'esclave africain

le pêcheur

le riche aventurier

devenir pirate

Les pirates te font rêver ? C'est peut-être parce qu'ils cherchent des trésors et ne respectent pas les règles !

Les gens qui deviennent pirates veulent avoir une vie moins dure, être libres. Ensemble, ils forment un monde à part.

Et, surtout, ils rêvent de devenir riches… en volant les richesses des autres ! Ils sont prêts à tout pour cela, même à tuer.

L'équipage **32**

Le navire négrier **56**

11

Les croyances

Les pirates sont superstitieux : ils croient que certaines choses portent bonheur ou malheur.

les porte-bonheur

la peau de bouc au grand mât

la boucle d'oreille en or

le couteau dans le grand mât

la plume au chapeau

le morceau de charbon

l'os de tortue

le marsouin

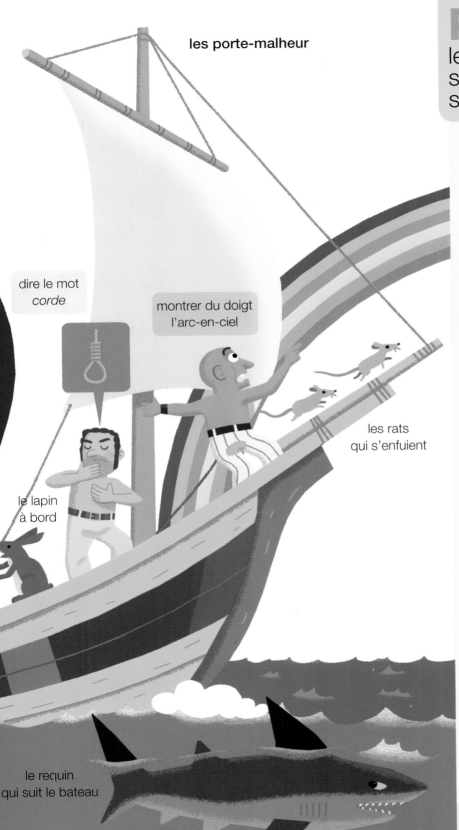

les porte-malheur

dire le mot *corde*

montrer du doigt l'arc-en-ciel

les rats qui s'enfuient

le lapin à bord

le requin qui suit le bateau

13

Vivre en mer à cette époque est difficile et dangereux ! Les pirates, comme tous les marins, ont souvent peur de mourir.

Ils connaissent mal la mer et ils croient que des choses étranges peuvent arriver. Alors leurs porte-bonheur les rassurent !

Ils croient aussi à des êtres imaginaires : le kraken qui capture les navires, ou les sirènes qui charment les marins.

Le corsaire

Le corsaire est un pirate particulier.
Pendant la guerre, le roi lui donne
le droit d'attaquer les navires ennemis.

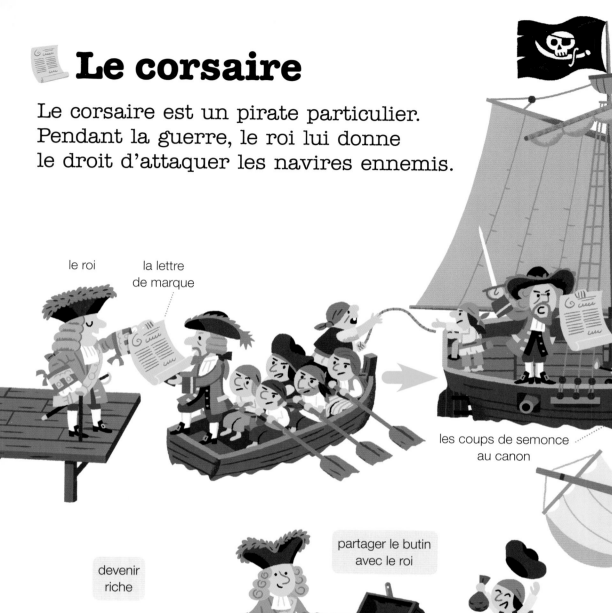

le roi

la lettre
de marque

les coups de semonce
au canon

devenir
riche

partager le butin
avec le roi

être un héros

respecter
l'ennemi

attaquer
le navire ennemi

voler les
marchandises

capturer
des ennemis

Sur un bateau, ça bouge !
Les vagues le font se balancer
doucement... et ça peut rendre
malade : c'est le « mal de mer ».

Les pirates sont des marins.
Ils ont l'habitude d'être en mer
et sont rarement malades. On
dit qu'ils ont le « pied marin ».

Par contre, à force d'être
en mer, ils se sentent bizarres
quand ils vont à terre : ils ont
l'impression que le sol bouge !

C'est quoi, un pirate ? **8**
Les pirates célèbres **20**

Les boucaniers

Ces pirates vivent sur les îles des Antilles. Ils chassent et ils sont souvent féroces !

chasser le cochon sauvage

la forêt

le mousquet

le chien de chasse

le boucan

les Indiens arawaks

le cuir

vivre à terre

la corne à poudre

le coutelas

manger de la viande fumée

16

le sloop

attaquer des bateaux
marchands

le chapeau
à large bord

la chemise
large

la culotte
de cuir sale

la pirogue

Est-ce
qu'ils se bagarrent entre eux ?

Les pirates vivent en bande. Ce n'est pas facile de bien s'entendre quand on est nombreux et que la vie est dure !

Alors ils se bagarrent parfois entre eux, quand ils sont énervés ou jaloux, qu'ils ont trop bu ou raté une attaque...

Mais les boucaniers s'entraident, ainsi que les flibustiers : ils sont solidaires. Ils se surnomment les « frères de la côte ».

La capture

Quand les pirates sont capturés,
ils sont sévèrement punis.
Finie, la belle vie !

le soldat

le cachot

les pirates
prisonniers

les chaînes

être enfermé

le rat

le navire-prison

le juge

les jurés

être condamné à mort

le public

le tribunal

le procès

la potence

le nœud coulant

assister à la punition

le bourreau

le public

être pendu

la punition

Crois-tu que les pirates capturés peuvent s'échapper ? C'est très difficile. Et leur punition est souvent terrible : c'est la mort !

Mais certains capitaines nobles sont pardonnés, et les corsaires ne sont pas tués. Les femmes pirates enceintes non plus.

Avant d'être pendus, certains pirates appellent le diable ou menacent de se venger une fois morts. D'autres pleurent.

🏴‍☠️ Les pirates célèbres

Voici des pirates qui
ont réellement existé.
Certains sont terrifiants !

la mèche
enflammée

le nuage
de fumée

jouer à tirer sur
son équipage dans le noir

la longue barbe
tressée

les six
pistolets

les femmes de Barbe-Noire

les deux
épées

la mort de Barbe-Noire

Edward Teach, dit « Barbe-Noire »

le boucanier Jean-David Nau,
dit « l'Olonnois »

Jack Rackham
et Anne Bonny

les frères Barberousse

le corsaire Robert Surcouf

Est-ce qu'ils sont tous méchants ?

Tu imagines les pirates affreux, sauvages, ayant plaisir à terrifier leurs ennemis et à les faire souffrir ?

Certains torturent les prisonniers pour les faire parler ou se venger : ils leur coupent le nez, les oreilles…

Ainsi, ils se font respecter par leurs hommes et par leurs ennemis. Mais tous ne sont pas cruels : Surcouf évitait de tuer.

Les femmes pirates

Les femmes pirates sont rares.
Mais elles sont aussi redoutables
que les hommes !

Anne Bonny

Mary Read

Ching Shih, la capitaine chinoise

dire des gros mots

boire de l'alcool

Alvida la Terrible

se battre

Charlotte de Berry

Tu te demandes pourquoi il y a si peu de femmes pirates ? Elles aussi peuvent aimer l'aventure, la liberté et les richesses !

En principe, elles sont interdites à bord : on dit qu'elles portent malheur sur un bateau. Mais ce n'est pas vrai !

En fait, leur présence pose des problèmes. Les hommes risquent de les agresser et de se battre entre eux à cause d'elles.

Les pirates célèbres **20**

Voyons voir...

Voici le capitaine.
Montre avec ton doigt
son tricorne, sa redingote,
son cache-œil et son sabre.

Avant de devenir pirates, certains hommes étaient soldats, d'autres charpentiers, riches aventuriers ou pêcheurs. Sauras-tu reconnaître ces métiers sur les images?

Les pirates sont très superstitieux. Sur ces images, peux-tu dire ce qui porte chance et ce qui porte malheur ?

Parmi ces pirates célèbres, saurais-tu dire qui sont Barbe-Noire, Robert Surcouf, Ching Shih et Anne Bonny ?

Pirates, corsaires et boucaniers, tous ces personnages te font rêver !
Mais lequel d'entre eux préfèrerais-tu être ?

La vie
à bord

⚓ Le bateau des pirates

Les pirates naviguent sur des voiliers.
Ils y passent la plus grande partie
de leur temps, c'est un peu
leur maison !

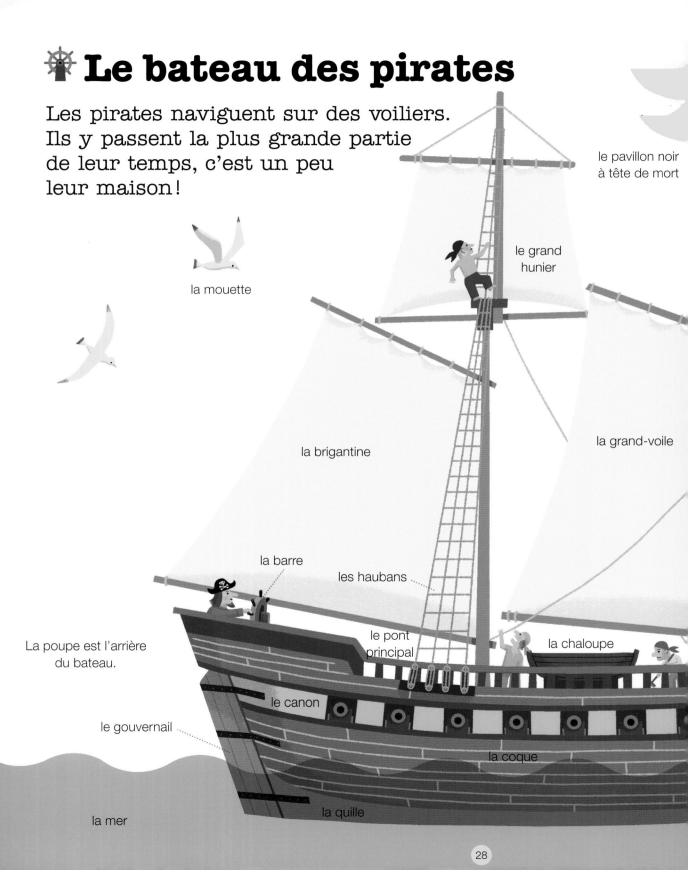

le pavillon noir
à tête de mort

la mouette

le grand
hunier

la grand-voile

la brigantine

la barre

les haubans

La poupe est l'arrière
du bateau.

le pont
principal

la chaloupe

le canon

le gouvernail

la coque

la mer

la quille

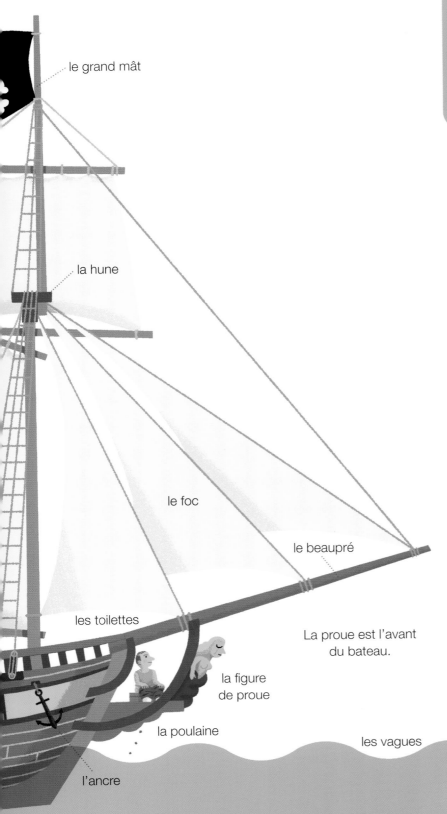

le grand mât

la hune

le foc

le beaupré

les toilettes

la figure
de proue

la poulaine

l'ancre

La proue est l'avant
du bateau.

les vagues

Les pirates ont des voiliers :
le vent gonfle leurs voiles
et les fait avancer.
Tu les imagines énormes ?

Leurs bateaux sont plutôt petits
et légers. Ainsi, ils sont rapides,
faciles à diriger... et ils peuvent
rattraper leurs ennemis.

Sais-tu que les pirates donnent
un nom à leur navire ? Par
exemple : *Le Dragon Volant*, *Le
Faucon Noir* ou *Fortune royale* !

La bataille **54**

Les pavillons **86**

À bord

L'intérieur du bateau est divisé en différentes pièces. Tout y est bien organisé!

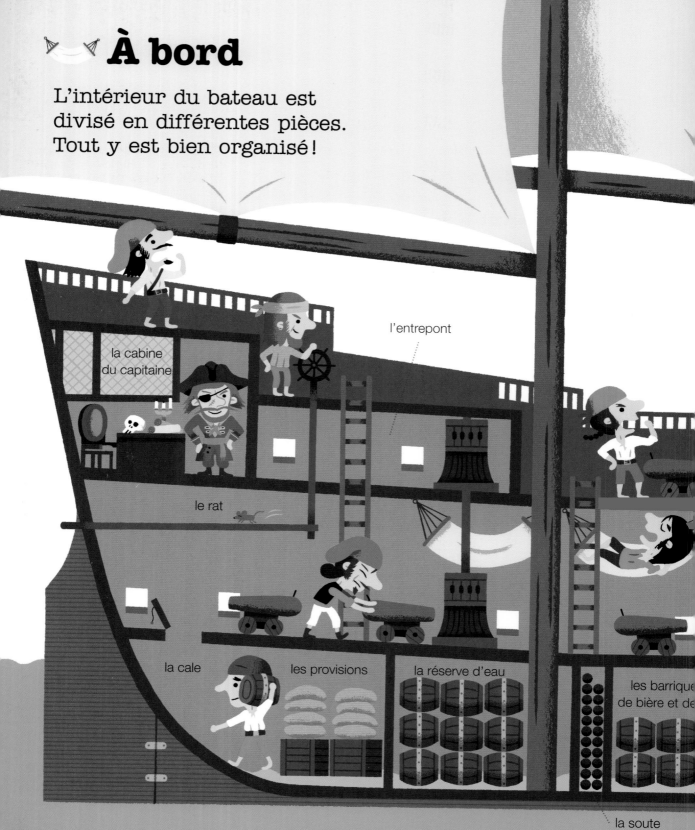

la cabine du capitaine

l'entrepont

le rat

la cale

les provisions

la réserve d'eau

les barrique de bière et de

la soute à munitions

la coquerie

les animaux
vivants
à manger

le hamac

l'écoutille

le casier à voiles

À quoi
servent
les pavillons

?

Chaque capitaine a son propre pavillon. En principe ce drapeau indique le pays du navire, mais les pirates n'ont pas de pays.

Leur pavillon est un signe : il ordonne aux navires qu'ils ont repérés de se rendre. En le voyant, les marins ont peur !

Parfois, les pirates hissent le pavillon rouge. Il signifie « Pas de quartier ! », c'est-à-dire « Pas de pitié, la mort pour tous ! ».

À table ! 38
Les pavillons 86

L'équipage

Les nombreux hommes
qui constituent l'équipage
ont tous leur rôle sur le bateau.

surveiller la mer

la vigie

conduire
le bateau

le timonier

diriger
les marins

le bosco

nettoyer
le pont

le mousse

s'occuper des canons

le canonnier

s'occuper
des voiles

le voilier

faire la cuisine

le coq

soigner
les blessés

le chirurgien

réparer le navire

le charpentier

Comment

devient-on capitaine

?

Pas facile d'être capitaine ! Il faut être très bon marin, courageux et savoir diriger une bande de bagarreurs...

Il est élu par l'équipage : les hommes votent pour le désigner. Et ils prennent les décisions avec lui.

S'il ne convient pas, les pirates peuvent le remplacer, le chasser, ou même l'abandonner sur une île déserte !

Le bateau des pirates **28** 🐜
Les occupations **34** 🐛

Les occupations

Les pirates restent des mois
en mer : c'est très long!
Ils doivent s'occuper...

se disputer

enrouler
les cordages

chanter

jouer
aux cartes

chasser les rats

recoud
les voile

apprendre à son perroquet à parler

entretenir ses armes

jouer de la musique

chiquer

s'épouiller

Est-ce que les pirates s'ennuient ?

En mer, entre les attaques, la vie est dure et monotone. Et il y a des moments où les pirates n'ont rien à faire...

Ils s'ennuient. Certains rêvent, boivent de l'alcool ou se chamaillent. Ils ne lisent pas, car très peu savent lire.

Le bateau est humide et sale : beaucoup tombent malades. Ils affrontent aussi des tempêtes. Dur dur d'être un pirate !

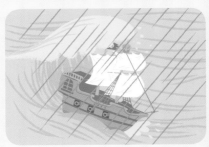

Le bateau des pirates **28**

L'équipage **32**

⊕ Les instruments de navigation

Pour se diriger et repérer
les navires, les pirates
utilisent divers instruments.

la longue-vue

le compas
droit

la carte

l'astrolabe

la boussole

le sextant

l'arbalestrille

🎲 Les règles à bord

Les pirates décident ensemble de leurs propres lois. À bord, tous doivent les respecter.

éteindre les lumières le soir

voter pour prendre les grandes décisions

partager le butin

prendre soin de ses armes

ne pas voler

ne pas jouer de l'argent

ne pas fuir pendant le combat

ne pas frapper quelqu'un à bord

le contrat de chasse-partie

Les pirates veulent être libres et égaux. Ils jurent d'obéir à leurs règles et signent leur contrat... à leur manière.

S'ils désobéissent, ils sont fouettés, ont les oreilles ou le nez coupés, sont abandonnés sur une île ou tués !

Une légende dit que, pour punir un des leurs, les pirates le font marcher sur une planche au-dessus de l'eau, les yeux bandés.

L'équipage **32**
Les occupations **34**

À table !

Comme les pirates ne vont pas souvent à terre, leur nourriture est peu variée et s'abîme.

le salmigondis

le cochon

le coq

la viande séchée

le thon

les œufs

la tortue de mer

la poule

la soupe
de tortue

l'omelette
aux œufs
de tortue

manger avec
les doigts

l'eau douce
pourrie

la chope

être malade

les biscuits
de mer
très durs

les vers

la bouteille
de rhum

le tonneau
de bière

le pirate
ivre

Les pirates ont des réserves
dans leur cale, pêchent parfois,
et font des provisions quand
ils font halte sur la côte.

Mais, s'ils naviguent trop
longtemps, ils n'ont plus rien !
Ils mangent leurs chaussures,
les rats, ou rongent le mât...

Il arrive même que les pirates
deviennent cannibales :
ils sacrifient un prisonnier ou
un des leurs, et ils le mangent !

Voyons voir...

Relie avec ton doigt chaque partie du bateau de pirates à son nom.

la coque

la grand-voile

la hune

le grand mât

la figure de proue

À bord, chaque pirate a une fonction précise. Décris ce qui se passe sur ces images. Connais-tu les noms de ces personnages ?

Les pirates n'obéissent à aucune loi, à part les leurs! Parmi les actions représentées ci-dessous, peux-tu dire lesquelles sont obligatoires et lesquelles sont interdites à bord du bateau?

Parmi ces instruments se cachent des intrus. Sais-tu lesquels de ces objets n'appartiennent pas au capitaine?

Entre les attaques, les pirates s'ennuient… Ils trouvent alors des occupations : jouer de la musique, chanter ou jouer aux cartes. Et toi, que fais-tu quand tu t'ennuies? Joues-tu au pirate?

Les batailles

Les ruses

Les pirates sont malins : ils ont des ruses pour attirer leurs ennemis dans des pièges et les surprendre !

hisser le pavillon jaune :
faire croire qu'on est malade

hisser un faux pavillon : faire croire
qu'on est du même pays

faire semblant d'être en détresse

faire croire qu'il y a peu de marins à bord

se déguiser en pêcheur ou en marchand

se déguiser en femme

se cacher dans une baie

attaquer de nuit
par surprise

Pourquoi
des pirates ont-ils une jambe de bois ?

Parfois, au cours d'une bataille, un pirate a une jambe coupée. S'il survit à sa blessure, il aura du mal à tenir debout.

Avec une jambe de bois, qui remplace la vraie, il marche en boitant. Et il peut continuer à être utile sur le bateau.

Un crochet en métal remplace, quant à lui, une main coupée. Il est pratique pour attraper des cordages… et se battre !

L'attaque au canon **50**

Les armes

Gare aux pirates :
ils sont armés jusqu'aux dents
et ils font des dégâts !

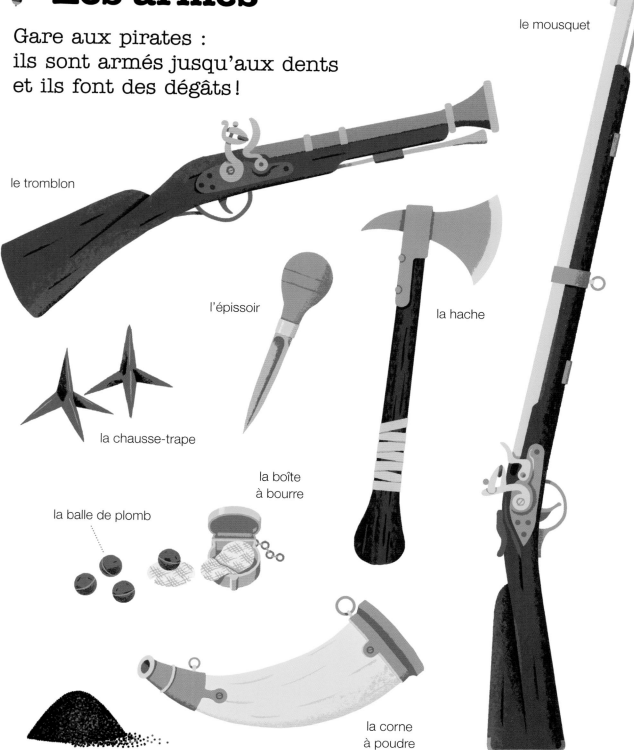

le mousquet

le tromblon

l'épissoir

la hache

la chausse-trape

la boîte
à bourre

la balle de plomb

la corne
à poudre

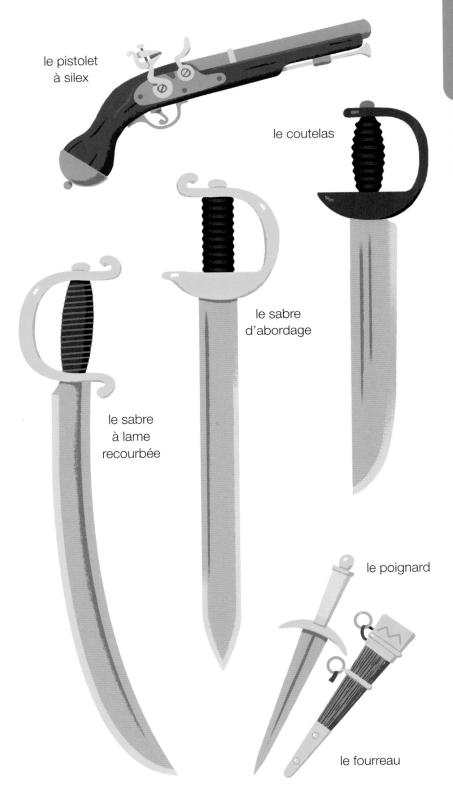

le pistolet
à silex

le coutelas

le sabre
d'abordage

le sabre
à lame
recourbée

le poignard

le fourreau

Quand tu joues au pirate, tu as forcément un sabre! C'est leur arme préférée pour le combat de près, corps à corps.

Court et tranchant, le sabre est pratique pour combattre sur un navire, car il ne risque pas de se coincer dans les cordages.

Les pirates apprécient aussi le poignard : cette arme est facile à cacher sous leurs habits pour attaquer par surprise!

Le galion

Ce gros navire espagnol chargé de marchandises est la proie préférée des pirates !

les trois mâts

le marin

le capitaine

le quartier maître

le château arrière à étages

le coffre plein d'or

les canons

le café

le cacao

le sucr

le gouvernail

la côte d'Amérique

la hune

les nobles
passagers

les épices
précieuses

Pourquoi
le galion transporte-t-il des trésors
?

Quelle drôle d'idée de traverser les mers sur des navires chargés de trésors alors que les pirates rôdent : c'est dangereux !

Aux XVIᵉ et XVIIᵉ siècles, l'Espagne conquiert des terres en Amérique. Ses galions en rapportent des biens précieux.

Le galion est lent, difficile à manœuvrer ; c'est une proie facile pour les pirates ! Pour se défendre, il voyage avec d'autres.

Le bateau des pirates **28**

L'abordage **52**

L'attaque au canon

Une fois près du navire,
les pirates l'attaquent souvent
à coups de canon : boum !

pousser le navire
à se rendre

le boulet

le tir
de semonce

le mât arraché

la fumée

les éclats
de bois

la voile
déchirée

le marin
blessé

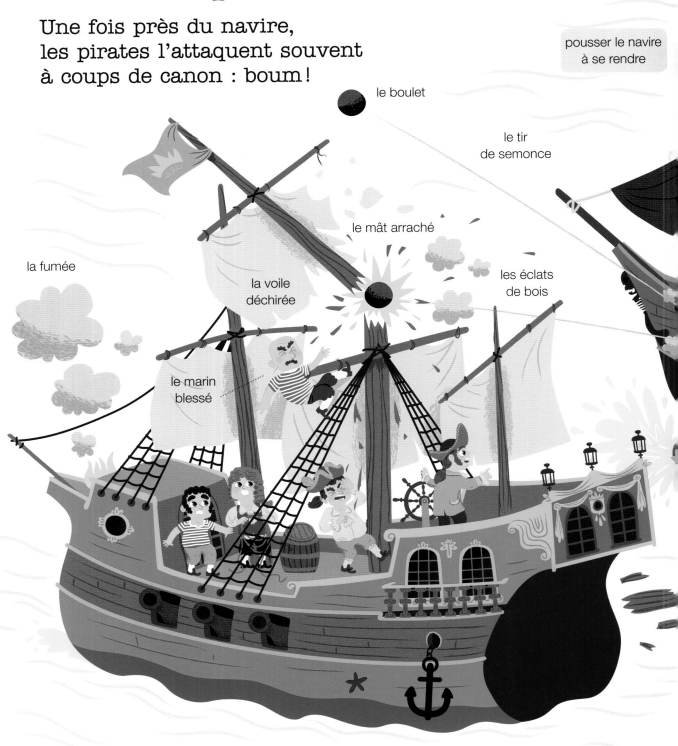

les boulets
ramés

le canon

Tu penses que les pirates adorent se battre? Ils veulent surtout attaquer vite, par surprise, sans trop de risques.

Pour eux, l'idéal est de capturer une proie sans la combattre! Ils impressionnent donc d'abord le navire pour qu'il se rende.

S'il refuse, les pirates lancent l'attaque. Mais c'est dangereux pour eux aussi! Puis ils filent avant que des secours arrivent.

L'abordage **52**
La bataille **54**

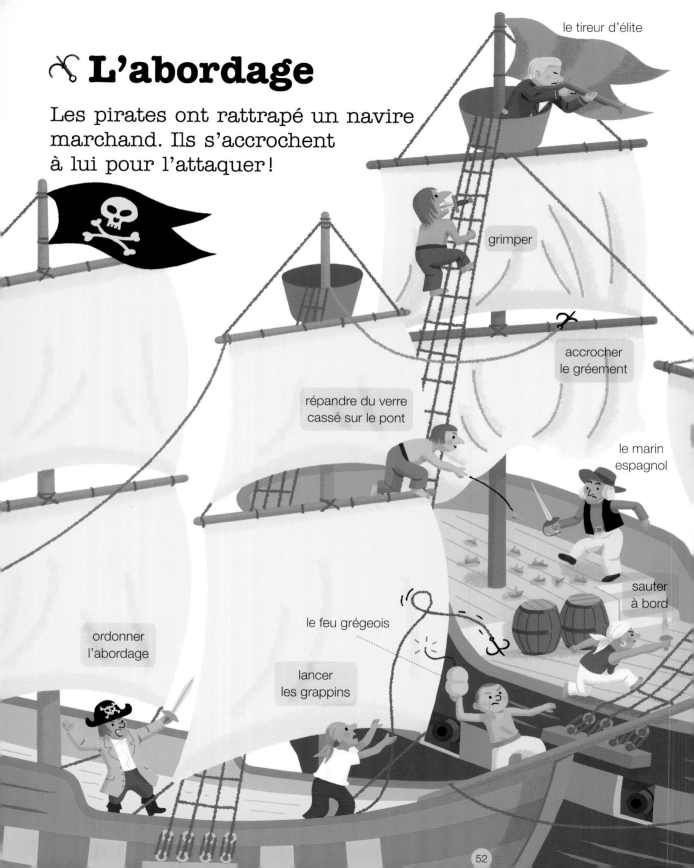

⚓ L'abordage

Les pirates ont rattrapé un navire marchand. Ils s'accrochent à lui pour l'attaquer !

le tireur d'élite

grimper

accrocher le gréement

répandre du verre cassé sur le pont

le marin espagnol

ordonner l'abordage

le feu grégeois

sauter à bord

lancer les grappins

l'officier

la voile
affalée

couper
les cordages

le nuage
de soufre

Est-ce que
les pirates
ont peur parfois
?

Un pirate qui n'a peur
de rien, ça n'existe que dans
les histoires ! Certains sont
courageux, d'autres peureux.

Si l'équipage a peur d'attaquer
un navire, le capitaine coule
son propre bateau ou force
ses hommes à donner l'assaut.

Mais ce sont surtout les marins
attaqués qui ont peur. De plus,
on raconte que les pirates sont
alliés avec le diable !

La bataille

Les pirates sont à bord du navire marchand, la bataille fait rage. Pas de pitié !

se cacher

lancer des chausse-trapes

frapper à coups de crosse

tuer

faire des moulinets

se défendre

tirer dans le tas

donner un coup de pied

tirer

se moquer

trancher les cordages

faire la grimace

la prisonnière

hurler des cris de guerre

frapper avec son crochet

se blesser

voler

jeter un marin par-dessus bord

Les pirates sont redoutables, mais les marins attaqués résistent : ils défendent leur navire et leur vie !

Pendant la bataille, parfois les pirates trouvent plus forts qu'eux. Ils sont alors tués ou capturés.

Mais, s'ils gagnent, ils emportent tout ce qui est utile. Et ils peuvent brûler ou couler le navire ennemi.

Les armes **46**
L'abordage **52**

✒ Le navire négrier

Parfois les pirates attaquent
des navires qui transportent
des esclaves.

le navire négrier

le capitaine
négrier

marquer
au fer rouge

le fouet   les fers

souffrir

être malade

être enfermé

les esclaves
africains

les réserves d'eau

les provisions

sauter
à la mer

avoir très peur

attaquer
un navire négrier

le chirurgien

capturer
des esclaves

Pourquoi
les pirates capturent-ils des esclaves

?

Tu as entendu parler des esclaves noirs? Pendant 300 ans, des millions d'Africains ont été capturés par des Blancs.

À l'époque, on les traite comme des animaux et on les conduit en bateau jusqu'en Amérique pour les faire travailler de force.

La plupart du temps les pirates revendent les esclaves capturés, comme des marchandises. Ils font ça pour gagner de l'argent!

L'abordage **52**
Les pirates chinois **80**

Voyons voir...

Hisser un pavillon jaune est une ruse.
Mais que ce pirate cherche-t-il à faire croire à ses ennemis ?
Qu'il est du même pays qu'eux, qu'il est malade ou qu'il est en détresse ?

Parmi ces armes, reconnais-tu le sabre d'abordage, la hache, le poignard, les chausse-trapes, la corne de poudre et le pistolet à silex ?

Avec ton doigt, relie chaque scène à la bonne situation.

l'attaque au canon

l'abordage

la bataille

Décris ce qui se passe sur cette image. Sais-tu pourquoi cet homme blanc fait ça à cet homme noir?

Les pirates s'attaquent à d'immenses navires marchands, comme des galions,
parce qu'ils transportent beaucoup de richesses. As-tu déjà vu de très grands voiliers?
Es-tu déjà monté à bord de l'un d'entre eux?

La vie à terre

🔥 Le repaire

De temps en temps, les pirates se réfugient sur la côte ou sur une île, bien cachés.

faire des provisions d'eau douce

le léza...

explorer

l'abri

se reposer

faire des provisions de bois

chasser

élire un nouveau capitaine

repeindre la coque

tracer des cartes

faire griller du poisson

réparer le mât

changer la voile

surveiller le prisonnier

préparer de nouvelles attaques

la baie

monter
la garde

la chèvre
sauvage

se laver

les œufs
de tortue

le maillet
de calfat

la tortue
de mer

calfater

l'herminette

pêcher

caréner
e bateau

enlever
les coquillages

63

Est-ce
qu'ils sont mieux
à terre ou en mer

?

Les pirates se plaisent dans leur repaire à terre ! Ils ne sont plus entassés sur leur bateau, dans la saleté et l'humidité.

Ici ils se détendent. Ils ont aussi du travail pour prendre soin du bateau : il doit être en bon état pour naviguer !

Mais ils ne restent pas longtemps à terre. Ils préfèrent naviguer et chercher fortune. Ce sont des vagabonds des mers !

Le port **66**

Le butin

Les pirates rêvent de trésors,
mais tout ce qu'ils volent
est précieux : c'est leur *butin*.

se partager les armes

l'acheteur

jeter les épices
non vendues

revendre le sucre et le tabac

ouper les pierres
précieuses
en morceaux

se disputer
par jalousie

le coffre
de marine

se partager
le butin

garder des pièces
dans sa poche

essayer de s'enfuir
avant le partage

Est-ce
qu'ils cachent
toujours
leur trésor

?

Tu rêves de découvrir un trésor
de pirates caché dans un lieu
secret? Tu vas être déçu :
ces trésors sont très rares!

Quand ils volent de l'or, les
pirates se le partagent selon
leurs rôles. Et ils préfèrent le
dépenser plutôt que de le cacher!

Quand ils le cachent sur une
île ou sous la mer, ils notent
l'endroit sur une carte...
ou surtout dans leur tête!

La bataille **54**

Le port **66**

Le port

Quand ils font escale dans un port, les pirates font la fête et dépensent leur argent !

le quai

acheter la marchandise volée

le bateau pirate

le marchand malhonnête

fumer le brûle-gueule

les terriens

faire boire les passants

danser

faire d... la music...

jouer aux dés

jouer aux cartes

acheter de beaux vêtements

détrousser les passants

offrir des bijoux

la bourse

C'est quoi, un « marin d'eau douce » ?

l'enseigne

se bagarrer

la taverne

bien manger

le tavernier

la chope

boire de l'alcool

la serveuse

trouver des compagnes

Dans les films ou les livres, tu entends les pirates dire des mots spéciaux, des expressions de marins... et des gros mots !

Un « marin d'eau douce » est un mauvais marin ; un « vieux loup de mer » est un marin expérimenté et courageux.

Les pirates aiment aussi porter des surnoms : « le Tigre des Mers », « Jambe-de-Bois » ou encore « l'Exterminateur ».

Le repaire **62**
Le butin **64**

L'île déserte

Un pirate tout seul sur une île :
c'est un traître qu'on a puni
ou un naufragé !

le soleil

le bateau
des pirates

être
désespéré

l'oreille
coupée

le pirate
abandonné

le poignard

les cochons
sauvages

le sable

l'océan

les coquillages

Est-ce qu'on peut vivre sur une île déserte ?

faire signe aux bateaux

le naufragé

la jungle

la raie grillée

la cahute

le radeau en construction

le squelette

la tempête

le récif

le bateau échoué

Tu penses que sur une île déserte il n'y a rien d'autre à faire que de se baigner ou de s'amuser avec les animaux...

Mais il faut lutter pour survivre : chercher à boire et à manger, se protéger du soleil ou de la pluie...

C'est très dur d'y vivre ! Et imagine : c'est insupportable de n'avoir aucun copain avec qui jouer !

Voyons voir...

Regarde, ce pirate a une oreille coupée !
Sais-tu pourquoi ?

Dans leur repaire, les pirates doivent accomplir diverses tâches.
Avec ton doigt, relie chaque scène à son nom.

réparer le mât   calfater   tracer des cartes

élire un nouveau capitaine   ramasser des œufs de tortue   enlever les coquillages

Trouve les cinq différences entre ces deux images.

Quand les pirates font escale, ils en profitent pour s'amuser.
Et toi, t'es-tu déjà promené dans un port ?
Ressemblait-il à celui-ci ?

Les pirates
dans le monde

Les pirates de l'Antiquité

Il y a plus de 2 000 ans déjà,
des pirates attaquaient
les navires grecs.

le bateau marchand

la mer Égée

la voile

les marins grecs

les pirates phéniciens

la cargaison de métaux

l'ambre

les pièces d'argent

le rostre

la galère des pirates

les rames

les amphores de vin et d'huile

se cacher
pour attaquer

faire des
prisonniers

attaquer
les villages

tuer

l'îlot

Il y a des pirates depuis que les hommes savent naviguer sur les mers. Ils existent sans doute depuis l'époque préhistorique !

Pendant l'Antiquité, beaucoup de pauvres, des paysans par exemple, deviennent pirates pour s'enrichir.

D'autres hommes guettent les bateaux échoués et récupèrent ce qui tombe à la mer. Ce sont des *naufrageurs*.

Les ruses **44**

La carte du monde des pirates **88**

75

Les Vikings

Alerte, les Vikings débarquent sur leurs drakkars! Ces pirates du Moyen Âge étaient impressionnants.

faire une attaque-éclair

le *knörr* ou le drakkar

terroriser les gens

la figure de proue porte-bonheur

les pirates vikings

la hache

l'épée

les boucliers

les rames

les Vikings étaient tous des pirates

le monastère

capturer
des prisonniers

la cotte
de mailles

les moines

casque

la lance

le butin

piller
les trésors

Dans les livres ou les films, tu vois les Vikings semer la terreur sur les côtes. Sais-tu qu'ils venaient des pays du Nord ?

Tous n'étaient pas des pirates : beaucoup étaient des commerçants qui voyageaient pour échanger des marchandises.

À bord de leurs super bateaux, les drakkars, ces très bons marins ont exploré le monde jusqu'en Amérique !

Devenir pirate **10**

Les Barbaresques

Ces corsaires musulmans attaquaient leurs riches ennemis de religion chrétienne.

la galère barbaresque

le raïs

le garde-chiourme

le pirate barbaresque

le sabre

les galériens

les rames

la mer Méditerranée

le navire marchand français

les flèches

l'arc

les janissaires

Après le Moyen Âge, des chevaliers s'installent sur une île en Méditerranée. Ce sont les *chevaliers de Malte*.

Ces chevaliers chrétiens sont puissants et très croyants. Ils luttent contre les Barbaresques et s'opposent à leur religion.

Des corsaires de différents pays les aident. Ils attaquent les Barbaresques pour voler leurs richesses. Chacun son tour !

Les pirates chinois

Gare aux pirates chinois !
Il y a 200 ans, ils menaçaient
les bateaux en mer de Chine.

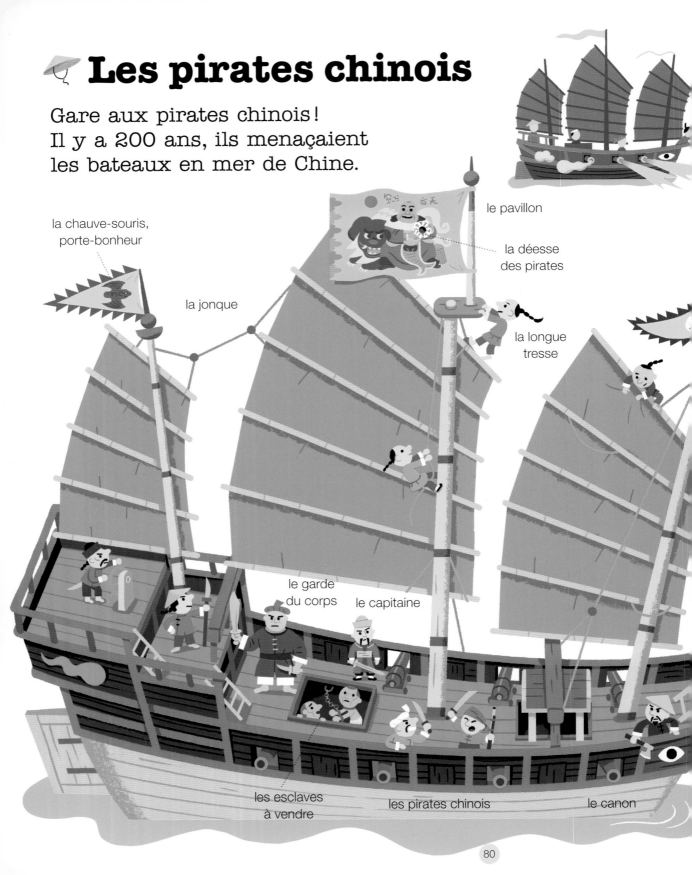

la chauve-souris,
porte-bonheur

la jonque

le pavillon

la déesse
des pirates

la longue
tresse

le garde
du corps

le capitaine

les esclaves
à vendre

les pirates chinois

le canon

les coups
de canon

la canonnière
britannique

la flotte

fumer
de l'opium

le sabre à
deux mains

la mer de Chine

Comme d'autres pirates, les pirates chinois attaquaient les navires en mer ainsi que les habitants à terre.

Mais ces malins avaient une astuce ! Ils demandaient une grosse somme d'argent aux villageois : une *rançon*.

En échange, ils promettaient de ne plus rien détruire et de ne pas faire de prisonniers. Ils l'écrivaient sur un document.

Les femmes pirates **22**

Voyons voir...

Rends à chacun de ces pirates venus du monde entier son arme favorite.

Lequel de ces deux pavillons est un pavillon chinois ? À quoi le reconnais-tu ?

Avec ton doigt, montre la jonque, le drakkar, la galère des pirates grecs et celle des Barbaresques.

Regarde les costumes de ces pirates venus des quatre coins de la Terre.
Lequel préfères-tu ? T'es-tu déjà déguisé en pirate ? Quels accessoires as-tu utilisés ?

Petite chronologie

les dinosaures

les hommes préhistoriques

les Égyptiens

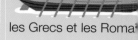

les Grecs et les Roma

la Révolution française

l'Olonnois

le roi
Louis XIV

Barbe-Noire, Jack Rackham,
Anne Bonny et Mary Read.

Robert Surcouf

les pirates chinois et Ching Shih

Clovis, le roi des Francs

les Vikings

les chevaliers
du Moyen Âge

les croisades

les esclaves africains
en Amérique

les Barbaresques
et les frères Barberousse

la découverte
de l'Amérique

Napoléon Bonaparte

la Première
Guerre mondiale

la Seconde
Guerre mondiale

le premier homme dans l'espace
(le Soviétique Iouri Gagarine)

⚑ Les pavillons

le crâne, symbole de la mort

les sabres entrecroisés, symbole de la bataille

le pavillon de Jack Rackham

le sabre, symbole de la force

le pavillon de Thomas Tew

la lance

le squelette diabolique

le cœur qui saigne, symbole d'une mort douloureuse

le pavillon de Barbe-Noire

Le capitaine boit avec la Mort.

le noir, couleur de la mort

le pavillon de Bartholomew Roberts

Le sablier signifie « Votre temps est compté ».

le rouge, couleur du sang

le pavillon de Christopher Moody

l'anneau à l'oreille

le crâne

les os entrecroisés

le pavillon de Henry Avery

La carte du monde des pirates

les pirates
du XVIIᵉ siècle

la mer des
Caraïbes

l'océan
Atlantique

N

O

E

S

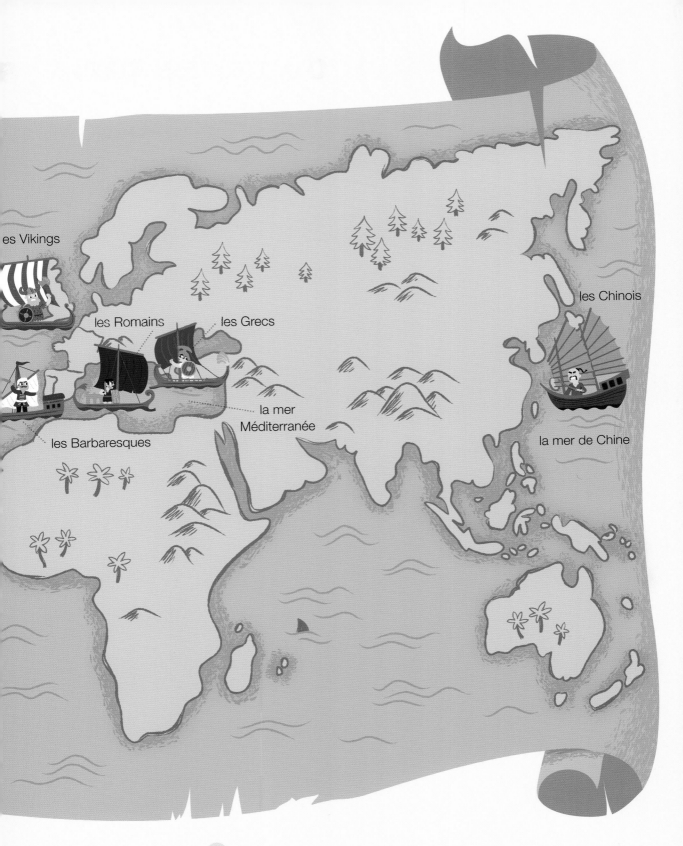

les Vikings

les Chinois

les Romains

les Grecs

la mer
Méditerranée

les Barbaresques

la mer de Chine